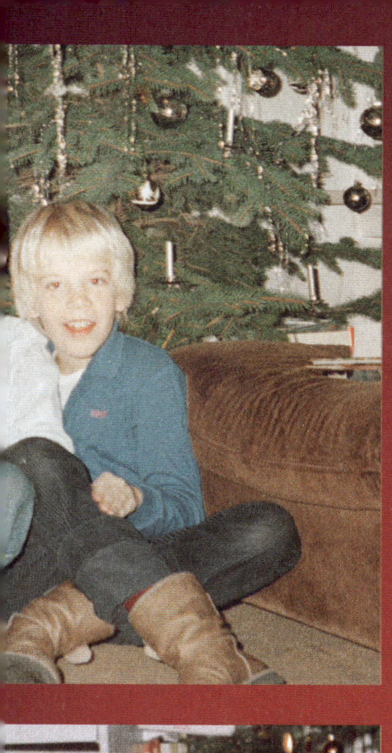

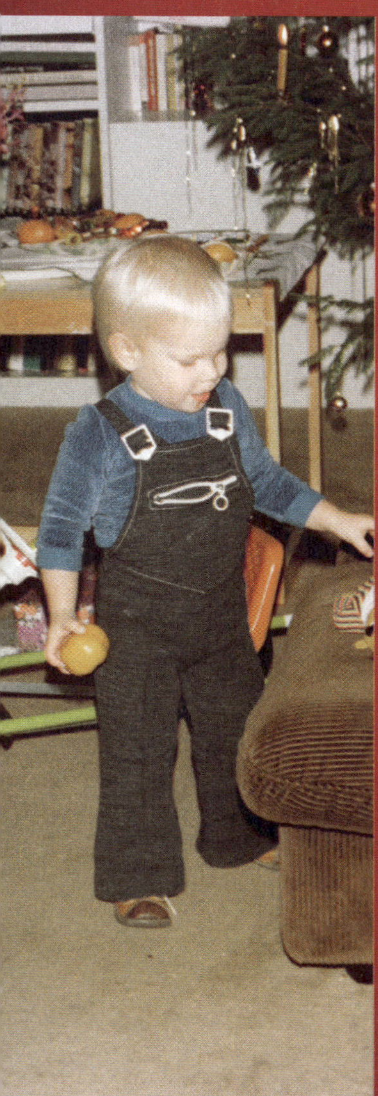

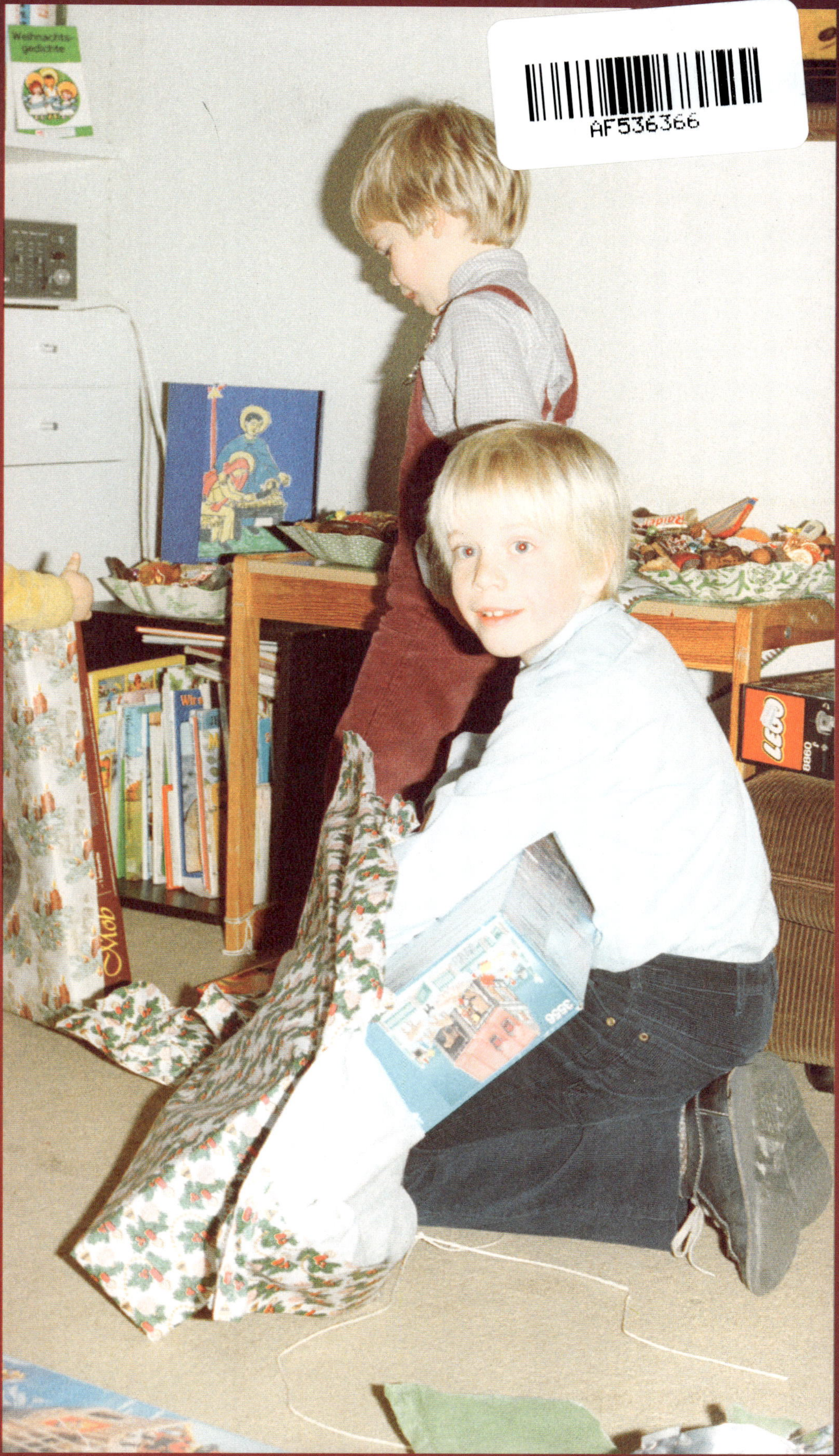
Weihnachts-
gedichte
LEGO
8860

# CHRISTMAS COOKING

# TOM GAEBEL

# CHRISTMAS COOKING

LEMPERTZ

# INHALT

# MEINE LIEBEN WEIHNACHTS-ENGEL,

der Vorschlag kam ganz unerwartet und eigentlich als Wunsch daher:

„Lieber Herr Gaebel, hätten Sie vielleicht Lust, ein Weihnachtskochbuch herauszugeben? Dann melden Sie sich doch bitte bei mir!“

Diese Worte standen auf einem der Wunschzettel, die wir bei unseren Weihnachtskonzerten immer im Publikum verteilen. Normalerweise schreiben die Leute dort Liederwünsche auf und Grußbotschaften oder sie möchten gerne selbst etwas auf der Bühne vorführen. Auf jeden Fall ist es immer ein großer Spaß, wenn ich während der Show ab und an einen Zettel aus dem Wunschkorb ziehe und laut vorlese.

Diesen Wunsch jedoch behielt ich für mich - das war dann doch eine etwas härtere Weihnachts-Nuss, die es zu knacken galt.

Denn als ausgewiesenen Koch habe ich mich nie gesehen, eher als musikalischen Zuckerbäcker.

Aber wenn man erstmal drüber nachdenkt, werden einem die Parallelen bewusst:

Musizieren und Kochen sind zwei Leidenschaften, die sich in vielen Dingen ähneln.

Meine Küche ist die Bühne und ich bewirte sozusagen mein Publikum mit musikalischen Genüssen. Da nehme ich dann ein paar Löffel Harmonien, gebe eine feine Melodie hinzu und einen ordentlichen Schuss Swing. Gewürzt wird nach Lust und Laune: Hier ein Löffel Trompete, dort eine Prise Saxophon.

Direkt vor den hungrigen Ohren des Publikums servieren meine Bandköche und ich schließlich ein Konzert-Menü mit verschiedenen Gängen inklusive Vorspeisen-Intro und Zugaben-Nachtisch.

Von der Theorie her passte ein Gaebel-Kochbuch also schon mal.

Und dann kamen die ganzen Familien-Erinnerungen:

An meine Oma und ihr Spritzgebäck z. B., von dem ich als Kind einfach nicht genug bekommen konnte. Schon seit vielen Jahren ist es zu meiner ehrvollen Aufgabe geworden, das in ihrem Sinne aus dem Fleischwolf zu zaubern - und nach wie vor knabbere ich mich vor allem selbst daran durch die Weihnachtstage.

Oder der traditionell westfälische Kartoffelsalat mit Würstchen - solang ich mich erinnere, gab es den bei uns am 24. Dezember. Mein Bruder Oliver hat dieses Rezept in die nächste Generation gerettet.

Für die Rouladen am ersten Weihnachtstag wiederum war jedes Jahr meine Mutter zuständig und ...

... und so war ich dann gedanklich plötzlich mittendrin in der Weihnachtsküche - und bin es bis jetzt geblieben.

Hier sind sie nun also, meine persönlichen Lieblings-Rezepte - gesammelt und gemischt mit den besten Leckereien, die mir während der Weihnachtstourneen der vergangenen Jahre begegnet sind. Denn eines muss man wissen: Wir spielen uns nicht nur den ganzen Dezember lang quer durch Deutschland, wir essen uns dabei auch einmal durch die Republik.

In diesem Sinne wünsche ich viel Spaß beim Stöbern und Nachkochen, beim Brutzeln und Backen. Möge sich Euer Smoking am Ende des Jahres ebenso spannen wie der meinige!

Euer Tom

PS: Für die passende Stimmung habe ich zu jedem Gaebel-Rezept auch ein Gaebel-Lied hinterlegt - Einfach den QR-Code scannen und beim Kochen genießen!

# SUPPEN & VORSPEISEN

Mit der Vorspeise kann man immer so schön die Grundstimmung setzen - und die soll gerade an Weihnachten natürlich gemütlich, heimelig und möglichst „heilweltig" sein.

Mit diesen kleinen Gerichten wärmt sich auch die Seele schon gleich mal vor für einen grandiosen Abend.

# VEGANE MARONEN-CREMESUPPE

**PORTIONEN:** 2–3 | **ZUBEREITUNGSZEIT:** 20 Min.

**UTENSILIEN:** Stabmixer

## Zutaten

- 1 Zwiebel
- 1 EL Olivenöl
- 200 g Maronen, vorgegart
- 1 EL frische Thymianblättchen
- 500 ml Gemüsebrühe
- 1 EL Rotweinessig
- Salz & Pfeffer, nach Belieben
- 1 EL Mandelblättchen

1. Für die Suppe die Zwiebel schälen, würfeln und in einem Topf mit Olivenöl anbraten. Die vorgegarten Maronen, den Thymian und die Gemüsebrühe zugeben und die Suppe aufkochen.

2. Anschließend die Suppe mit einem Stabmixer glatt pürieren und mit Rotweinessig, Salz und Pfeffer abschmecken. Die Suppe in die Teller verteilen und mit den Mandelblättchen garniert servieren.

I'll Be Home For Christmas
*Der Maronenmann in der Stadt ist immer ein Vorzeichen!*

# ROSENKOHL-CREMESUPPE

**PORTIONEN:** 4 | **ZUBEREITUNGSZEIT:** 30 Min.

**UTENSILIEN:** Stabmixer

## Zutaten

- 400 g Rosenkohl
- 2 große mehlig-kochende Kartoffeln
- 2 Schalotten
- 1 EL Butter
- 1 EL Zucker
- 50 ml Weißwein
- 600 ml Hühnerbrühe
- Salz & Pfeffer, nach Belieben
- 1 Msp. gemahlene Muskatnuss
- 200 g Sahne
- 1 EL frische Petersilienblätter, gehackt

1. Den Rosenkohl putzen und vierteln. Die Kartoffeln und die Schalotten schälen und in kleine Würfel schneiden.

2. Die Butter mit dem Zucker in einem Topf schmelzen, darin die Schalotten glasig dünsten und mit dem Wein ablöschen. Rosenkohl, Kartoffeln und Brühe hinzugeben und die Suppe 20 Minuten kochen.

3. Nun die Suppe mit Salz, Pfeffer und Muskatnuss würzen, die Sahne eingießen und die Suppe mit einem Stabmixer pürieren. Die Suppe kurz aufkochen, auf Tellern oder Tassen anrichten und mit Petersilie bestreut servieren.

Thank God It's Christmas
*Wohlig warm wird's wunderbar!*

CHRISTMAS

# FEINE KARTOFFELSUPPE MIT FLEISCHKLÖSSCHEN

**PORTIONEN: 4 | ZUBEREITUNGSZEIT: 40 Min.**

**UTENSILIEN: Stabmixer**

## Zutaten

- ⋆ **1 Zwiebel**
- ⋆ **400 g mehligkochende Kartoffeln**
- ⋆ **1 Packung Suppen-gemüse**
- ⋆ **2 EL Butter**
- ⋆ **Salz & Pfeffer, nach Belieben**
- ⋆ **1 Msp. gemahlene Muskatnuss**
- ⋆ **500 ml Gemüsebrühe**
- ⋆ **100 ml Sahne**
- ⋆ **3 frische Bratwürste**

When Your Heart Is Singing
*Eine Suppe und ein Lied fürs Herz …*

1. Die Zwiebel und die Kartoffeln schälen und in kleine Würfel schneiden. Das Suppengemüse putzen bzw. schälen und ebenfalls, bis auf den Lauch und die Petersilie, in kleine Würfel schneiden.

2. Nun die Butter in einem großen Topf schmelzen und darin die Zwiebelwürfel glasig andünsten. Danach nacheinander die Suppengemüsewürfel und die Kartoffelwürfel hinzugeben und mit andünsten.

3. Das gekochte Gemüse mit Salz, Pfeffer und Muskatnuss abschmecken, den Lauch und die Petersilie hinzugeben und die Zutaten mit der Gemüsebrühe bedecken. Die Suppe 20 Minuten kochen lassen und anschließend den Lauch und die Petersilie entfernen.

4. Die Suppe mit einem Stabmixer pürieren, die Sahne unterrühren und nochmal mit Salz und Pfeffer abschmecken.

5. Die Würstchen von der Haut befreien und aus dem Wurstbrät kleine, gleich große Klößchen formen und diese in die Suppe füllen. Die Suppe weitere 10 Minuten kochen, dann in die Schüsseln geben und heiß servieren.

**TIPP** Eine Prise gemahlene Muskatnuss für eine leicht würzige Note in jede Schüssel streuen.

# SÜSSKARTOFFEL-ERDNUSS-SUPPE

**PORTIONEN: 4 | ZUBEREITUNGSZEIT: 50 Min.**

**UTENSILIEN: Stabmixer ★ feines Sieb**

## Zutaten

- ★ 500 g Süßkartoffeln
- ★ 2 cm Stück frischer Ingwer
- ★ 2 Schalotten
- ★ 100 g Knollensellerie
- ★ 2 Möhren
- ★ 2 EL Pflanzenöl
- ★ 2 EL Currypulver
- ★ Chilipulver, nach Belieben
- ★ Salz & Pfeffer, nach Belieben
- ★ 60 g Erdnussbutter
- ★ 800 ml Gemüsebrühe
- ★ 100 ml Sahne
- ★ Limettensaft, nach Belieben
- ★ 60 g Erdnüsse
- ★ frische Korianderblätter, gezupft

1. Süßkartoffeln, Ingwer, Schalotten, Sellerie und Möhren schälen. Die fünf Zutaten klein würfeln und in einem Topf mit heißem Öl goldbraun anbraten.

2. Die Zutaten mit Curry, Chili, Salz und Pfeffer würzen und die Erdnussbutter unterrühren. Die Brühe eingießen und die Suppe 25 Minuten unter gelegentlichem Rühren auf mittlerer Hitze köcheln lassen.

3. Anschließend die Suppe mit einem Stabmixer pürieren, durch ein feines Sieb passieren und zusammen mit der Sahne zurück in den Topf füllen. Die Suppe weitere 10 Minuten köcheln und mit Limettensaft, Salz und Chili abschmecken. Die Suppe mit grob gehackten Erdnüssen und Koriander garniert servieren.

The Bell That Couldn't Jingle
*Ein kleiner süßer Song für ein kleines süßes Süppchen!*

# LACHS-CARPACCIO MIT ORANGE UND AVOCADO

**PORTIONEN:** 4 | **ZUBEREITUNGSZEIT:** 15 Min.

**UTENSILIEN:** 4 Teller

## Zutaten

- 3 EL Olivenöl
- Salz & Pfeffer, nach Belieben
- 500 g Lachsfilet
- 75 g getrocknete Tomaten
- 1 rote Zwiebel
- 1 Avocado
- 2 EL Zitronensaft
- 1 Handvoll frische Basilikumblätter
- 1 Bio-Orange

1. Die 4 Teller jeweils mit Öl bestreichen und mit Salz und Pfeffer bestreuen. Den Lachs in sehr dünne Scheiben schneiden und auf die Teller verteilen. Die Teller abdecken und kalt stellen.

2. Die Tomaten in dünne Streifen schneiden und die Zwiebel schälen und in feine Ringe schneiden.

3. Die Avocado halbieren, entkernen, das Fruchtfleisch mit einem Löffel aus der Schale lösen und in dünne Spalten schneiden. Die Avocado-Spalten mit 1 EL Zitronensaft beträufeln.

4. Die Tomaten mit den Zwiebelringen, dem übrigen Öl und dem Zitronensaft vermischen.

5. Das Basilikum in feine Streifen schneiden. Die Orange schälen, die einzelnen Orangenfilets vorsichtig herausschneiden und diese mit der Zwiebelmischung vermengen.

6. Den Lachs auf den vorbereiteten Tellern anrichten, mit Avocado-Spalten und der Zwiebel-Orangen-Mischung garnieren. Mit Basilikum bestreut servieren.

White Christmas
*White Christmas mit etwas Südsee, genau wie das Gericht!*

# WINTERSALAT

**PORTIONEN: 4 | ZUBEREITUNGSZEIT: 15 Min.**

## Zutaten

- **½ Kopf Lollo Rosso**
- **50 g Walnusskerne**
- **50 g Mandelkerne, blanchiert**
- **2 Äpfel**
- **100 ml Orangensaft**
- **4 EL Olivenöl**
- **1 TL süßer Senf**
- **1 EL Weißweinessig**
- **Salz & Pfeffer, nach Belieben**
- **100 g Hüttenkäse**

1. Den Salat waschen, in Streifen schneiden und in eine Schüssel füllen.
2. Die Walnuss- und Mandelkerne grob hacken und in einer Pfanne auf mittlerer Stufe goldbraun rösten.
3. Die Äpfel schälen, entkernen und mundgerechte Stücke schneiden.
4. Den Orangensaft mit Olivenöl, süßem Senf und Essig vermischen und mit Salz und Pfeffer würzen.
5. Nun den Salat mit den gerösteten Walnuss- und Mandelkernen sowie Apfelstücken und dem Hüttenkäse bestreuen und mit dem Dressing beträufeln.

**TIPP** Orangenfilets anstatt Äpfel verwenden.

Wintersee
*Ein kühler Wintermorgen und der Blick ganz klar …*

# HAUPTSACHE HEILIGABEND

An Weihnachten wird die Tradition gefeiert und wir feiern nach Herzenslust mit – mit ein paar Klassikern, die nicht nur im Hause Gaebel für Freude sorgen.

Bei mir spannt schon der Smoking, wenn ich nur dran denke!

# ROULADEN NACH MAMA GAEBEL

**PORTIONEN:** 4 | **ZUBEREITUNGSZEIT:** 2 Std.

**UTENSILIEN:** Zahnstocher ⋆ Sieb

## Zutaten

- 4 Rinderrouladen à 150 g
- Salz & Pfeffer, nach Belieben
- 4 TL Dijon-Senf
- 4 getrocknete Feigen, eingeweicht
- 4 getrocknete Datteln, entkernt
- 1 Handvoll Walnusskerne
- 2 rote Zwiebeln
- 2 Stangen Staudensellerie
- 1 Möhre
- 2 EL Butter
- 1 EL Tomatenmark
- 200 ml Rotwein
- 300 ml Rinderbrühe
- 2 EL Johannisbeergelee
- 50 g Sahne

1. Das Fleisch flach klopfen und von beiden Seiten mit Salz und Pfeffer würzen. Die Fleischscheiben jeweils auf einer Seite mit Senf bestreichen.

2. Die Feigen in Scheiben und die Datteln in dünne Streifen schneiden. Die Walnüsse grob hacken und mit den drei Zutaten die Fleischscheiben belegen. Die Scheiben aufrollen und mit einem Zahnstocher fixieren.

3. Die Zwiebeln schälen und in Streifen schneiden. Den Staudensellerie putzen und die Möhre schälen. Beide Zutaten in Scheiben schneiden. Die Butter schmelzen und darin die Rouladen rundherum anbraten. Das geschnittene Gemüse hinzugeben, goldbraun anrösten und das Tomatenmark einrühren.

4. Die Zutaten mit Wein und Rinderbrühe ablöschen und zugedeckt 1 ½ Stunden bei mittlerer Hitze köcheln lassen. Dabei die Rouladen mehrmals wenden.

5. Nach dem Garen die Rouladen aus dem Sud nehmen und diesen mit den Möhrenstücken durch ein Sieb in einen Topf passieren. Die Sauce mit Johannisbeergelee und Sahne verrühren und 10 Minuten auf mittlerer Stufe binden.

**TIPP** Gegebenenfalls die Sauce zum Eindicken mit 2 TL in Wasser aufgelöster Speisestärke aufkochen. Als Beilage Hasselbackkartoffeln und glasierte Möhren servieren.

Driving Home For Christmas
*Vorfreude auf zuhause!*

# RINDERBRATEN MIT KRÄUTERKRUSTE

**PORTIONEN:** 4–6 | **ZUBEREITUNGSZEIT:** 2 Std.

**UTENSILIEN:** Stabmixer ⋆ Auflaufform

## Zutaten

- 100 g Butter
- 1 Handvoll frische Petersilienblätter
- ½ Handvoll frische Thymianblättchen
- 1 Handvoll frische Basilikumblätter
- ½ Handvoll frische Rosmarinnadeln
- 1 TL getrockneter Oregano
- 1 TL Senf
- 60 g Paniermehl, alternativ Panko
- 1 kg Rinderbraten
- 1 ½ TL Meersalz
- Pfeffer, nach Belieben
- 2 EL neutrales Öl, zum Braten

1. Den Backofen auf 200 °C Ober-/Unterhitze vorheizen.

2. 80 g Butter schmelzen zusammen mit Petersilie, Thymian, Basilikum, Rosmarin, Oregano und Senf mit einem Stabmixer pürieren. Das Paniermehl unter die Mischung rühren.

3. Rinderbraten mit dem Salz rundherum einreiben, pfeffern und in einer Pfanne mit Öl 5 Minuten von jeder Seite braten. Das Fleisch in die Auflaufform legen und im Backofen 50 Minuten garen. Anschließend den Braten in Alufolie wickeln und im warmen Backofen 30 Minuten ruhen lassen.

4. Den Braten zurück in die Form füllen, mit dem Bratensaft übergießen, mit der Kräuterpaste bestreichen und im Backofen 10 Minuten bei 200 °C Ober-/Unterhitze backen. Das Fleisch in Scheiben geschnitten servieren.

**TIPP** Als Beilage glasierte Karotten und Kartoffelstampf servieren.

Last Christmas
*Dieses Lied hat Tradition – genau wie das Gericht!*

# LACHSFILET MIT GRANATAPFEL

**PORTIONEN:** 4 | **MARINIERZEIT:** 30 Min. | **ZUBEREITUNGSZEIT:** 45–60 Min.

**UTENSILIEN:** große rechteckige Auflaufform

## Zutaten

**Für die Marinade:**

* 4 Knoblauchzehen
* 2 cm Stück frischer Ingwer
* 4 EL Sojasauce
* 4 EL Grenadine
* Saft von 1 Bio-Limette
* 1 EL Weißweinessig
* 2 EL Olivenöl
* 200 ml Cranberrysaft

**Für den Lachs:**

* 1,25 kg Lachsfilet
* 1 Granatapfel
* 2 rote Zwiebeln
* einige frische Rosmarinzweige

## TIPP

Dazu Kartoffelgratin oder mit Granatapfelkernen vermengten Reis servieren.

1. Den Knoblauch und den Ingwer schälen, beide Zutaten fein reiben und mit Sojasauce, Grenadine, Limettensaft, Essig, Olivenöl und Cranberrysaft verrühren. Den Lachs mit der Marinade übergießen und mindestens 30 Minuten im Kühlschrank ziehen lassen.

2. Den Backofen auf 200 °C Ober-/Unterhitze vorheizen.

3. Den Lachs aus der Marinade nehmen, in die Auflaufform legen und die Rosmarinzweige darauf verteilen. Die Zwiebeln schälen, vierteln und ebenfalls dazulegen.

4. Die Marinade in einen kleinen Topf füllen und für etwa 10 Minuten einköcheln lassen, bis die Marinade eingedickt und cremig ist. Dann etwas Marinade auf dem Lachs verteilen und diesen mit einer Handvoll Granatapfelkernen bestreuen. Den Lachs mit Alufolie bedecken und im Backofen 30 Minuten (bei kleinen Filets nur 15 Minuten) garen. Dabei nach 15 Minuten erneut mit der Marinade bestreichen. Den gebackenen Lachs mit restlichen Granatapfelkernen bestreut und der restlichen Marinade dazu servieren.

It's The Most Wonderful Time Of The Year
Ein funkelnder Abend mit Esprit!

# GÄNSEKEULEN MIT MARONENPÜREE

**PORTIONEN: 2 | ZUBEREITUNGSZEIT: 1 Std. 50 Min.**

**UTENSILIEN: Bräter oder Auflaufform ⋆ Stabmixer**

## Zutaten

**Für die Gänsekeulen:**

- **2 Gänsekeulen**
- **Salz & Pfeffer, nach Belieben**
- **300 ml Geflügelfond**
- **1 EL Speisestärke, in etwas Wasser aufgelöst**

**Für das Püree:**

- **400 g Maronen, vorgegart**
- **100 ml Gemüsebrühe**
- **100 ml Milch**
- **125 g Sahne**
- **1 Prise Salz**
- **1 Prise schwarzer Pfeffer**
- **1 Prise Zucker**
- **2 Prisen Muskat**

### TIPP

Das Maronenpüree durch eine Sterntülle dekorativ auf den Teller spritzen.

1. Den Backofen auf 200 °C Ober-/Unterhitze vorheizen.

2. Die Gänsekeulen großzügig mit Salz und Pfeffer würzen und mit der Hautseite nach oben in den Bräter setzen. Den Fond in den Bräter gießen, die Keulen mit dem Deckel des Bräters oder Aluminiumfolie abdecken und die Keulen im Backofen 45 Minuten backen.

3. Für das Maronenpüree die Maronen zusammen mit der Gemüsebrühe, der Milch und der Sahne in einem Topf erwärmen. Mit Salz, Pfeffer, Zucker und Muskatnuss abschmecken und mit einem Stabmixer pürieren.

4. Nach der Backzeit den Deckel des Bräters entfernen und die Gänsekeulen je nach Größe weitere 30 Minuten ohne Deckel oder Abdeckung im Backofen fertig braten.

5. Nach der Garzeit die Keulen aus dem Bräter nehmen und den entstandenen Bratensaft abgießen, aufkochen und gegebenenfalls mit der angerührten Stärke leicht andicken. Dann die Gänsekeulen mit der Sauce und dem Maronenpüree servieren.

A Christmas To Remember
Klassischer Sound für ein klassisches Gericht!

# KARTOFFELSALAT MIT WÜRSTCHEN

**PORTIONEN:** 4 | **ZUBEREITUNGSZEIT:** 40 Min. | **KÜHLZEIT:** 1 Std.

## Zutaten

- **800 g festkochende Kartoffeln**
- **2 Zwiebeln**
- **4 EL neutrales Öl**
- **2 TL Instant-Gemüsebrühe**
- **2 TL mittelscharfer Senf**
- **5 EL Weißweinessig**
- **Salz & Pfeffer, nach Belieben**
- **1 Prise Zucker**
- **1 Bund frischer Schnittlauch, in Röllchen**
- **8 Bockwürstchen**

Was ich mir am meisten wünsch

*Ein wenig melancholisch darf es schon mal werden …*

1. Die Kartoffeln waschen und in reichlich Salzwasser je nach Größe 20–25 Minuten kochen.

2. Währenddessen die Zwiebeln schälen und fein hacken. Das Öl in einem Topf erhitzen und darin die Zwiebelstücke glasig dünsten. Anschließend mit Essig ablöschen und Senf sowie etwa 375 ml Wasser und die Gemüsebrühe untermischen. Die Mischung aufkochen und mit Salz, Pfeffer und Zucker kräftig würzen.

3. Nach der Kochzeit der Kartoffeln den Garpunkt prüfen, gegebenenfalls die Kochzeit um einige Minuten verlängern und anschließend die Kartoffeln abgießen, abschrecken und pellen. Die Kartoffeln in Scheiben schneiden, mit der heißen Sauce übergießen, vermischen und mindestens 1 Stunde durchziehen lassen.

4. Die Bockwürstchen erwärmen, den Schnittlauch unter den Kartoffelsalat mischen und beides zusammen servieren.

**TIPP** Mit einem extra Schälchen Senf servieren.

# SCHWEINEBRATEN MIT MASCARPONE-SALBEI-SAUCE

**PORTIONEN:** 4 | **ZUBEREITUNGSZEIT:** 1 Std. 45 Min.

**UTENSILIEN:** feines Sieb

## Zutaten

- 1,2 kg Schweinerücken (ohne Knochen)
- Salz & Pfeffer, nach Belieben
- 5 EL neutrales Öl
- 500 ml Gemüsebrühe
- 1 Lorbeerblatt
- 4 Pimentkörner, angedrückt
- 6 Stiele Salbei
- 1 große Zwiebel
- 2 Knoblauchzehen
- 150 g Mascarpone
- 2 TL Dijon-Senf

Merry Christmas Everyone
*Cowboys sind Bratenesser!*

1. Das Fleisch mit Salz und Pfeffer einreiben und in einem heißen Topf mit 2 EL Öl rundherum kräftig anbraten. Den Braten mit Brühe ablöschen. Das Lorbeerblatt und die Pimentkörner hinzufügen und zugedeckt ca. 1 ½ Stunden schmoren lassen, dabei nach etwa 1 Stunde den Braten im Garfond wenden.

2. Den Salbei waschen, gut trocken tupfen. Die Zwiebel schälen und in dünne Spalten schneiden. Den Knoblauch schälen und pressen. Das restliche Öl in einem weiten Topf erhitzen und darin die Zwiebel, den Knoblauch und die Salbeistiele 5 Minuten anbraten. Anschließend den Salbei entfernen.

3. Den Braten aus dem Topf heben und zugedeckt ruhen lassen. Den Garfond durch ein Sieb in den Topf mit der Zwiebel-Knoblauch-Mischung gießen. Die Sauce aufkochen, den Mascarpone unterrühren und 2–3 Minuten köcheln lassen. Den Senf untermischen und die Sauce mit Salz und Pfeffer abschmecken.

4. Zum Servieren den Braten in Scheiben schneiden, mit der Mascarponesauce übergießen und mit dem gebratenen Salbei garnieren.

**TIPP** Dazu Pasta nach Gusto servieren.

# VEGGIES WELCOME

Bei uns in der Band gibt es natürlich auch ein paar Vegetarier und die bekommen jeden Abend ihr eigenes Essen – und das ist oftmals so gut, dass der ganze Rest der Band schnell mal eben ins andere Lager wechselt. Hier sind ein paar solcherlei Leckereien: garantiert musikergeprüft!

# GEMÜSECARPACCIO MIT SCHAFSKÄSE

**PORTIONEN: 4 | ZUBEREITUNGSZEIT: 15 Min.**

## Zutaten

- 8 mittlere Tomaten
- 1 Kohlrabi
- Salz & Pfeffer, nach Belieben
- 250 g Feta
- 2 EL Olivenöl
- 2 EL weißer Balsamicoessig
- 1 TL Honig, alternativ Ahornsirup
- ½ Bund frischer Schnittlauch
- 1 Handvoll Walnüsse, gehackt

It's Beginning To Look A Lot Like Christmas

*Leichte Bossa-Weihnachtsklänge zu einem leichten Essen …*

1. Die Tomaten putzen und quer in sehr dünne Scheiben schneiden.
2. Den Kohlrabi schälen und ebenfalls in sehr dünne Scheiben schneiden oder hobeln.
3. Einen oder zwei große Teller abwechselnd mit den Tomaten- und Kohlrabi-Scheiben belegen und die Zutaten mit Salz und Pfeffer würzen.
4. Nun den Fetakäse in sehr dünne Scheiben schneiden, auf den Gemüsescheiben verteilen und den Käse dabei leicht zerbröckeln.
5. Das Olivenöl mit Essig und Honig vermischen und die Mischung über die Zutaten auf dem Teller träufeln. Erneut mit Salz und Pfeffer würzen, den Schnittlauch direkt mit einer Schere dünn über das Gericht schneiden, die Walnüsse darüber streuen und servieren.

# GLÜCKLICHMACHER-SALAT ORIENT-STYLE

**PORTIONEN:** 4 | **ZUBEREITUNGSZEIT:** 40 Min.

## Zutaten

* ¼ TL gemahlener Kreuzkümmel
* 1 TL Sumach
* 1 TL Salz + nach Belieben
* 3 rote Zwiebeln
* 200 g Petersilienwurzeln
* 800 g Möhren (gelb, orange und lila)
* 6 EL Olivenöl
* 4 EL Himbeeressig
* Pfeffer, nach Belieben
* 1 EL Senf
* 1 TL Honig
* 2 EL Kürbiskerne
* 1–2 EL Sesam
* 100 g Feldsalat
* 150 g Mini-Mozzarella-kugeln

1. Den Backofen auf 200 °C vorheizen und ein Backblech mit Backpapier auslegen.

2. Zum Würzen den Kreuzkümmel mit Sumach und Salz vermischen. Die Zwiebeln schälen und in dünne Spalten schneiden. Die Petersilienwurzeln und die Möhren schälen und in Scheiben schneiden. Die Zutaten auf dem Backblech verteilen, mit der vorbereiteten Gewürzmischung würzen und mit 2 EL Öl beträufeln. Das Gemüse im vorgeheizten Backofen ca. 20 Minuten backen.

3. Für die Vinaigrette Essig, Salz, Pfeffer, Senf, Honig und 4 EL Öl vermischen.

4. Die Kürbiskerne und den Sesam in einer Pfanne auf mittlerer Stufe goldbraun rösten und abkühlen lassen.

5. Den Salat waschen und trocken schütteln. Die Mozzarella-Kugeln abtropfen lassen.

6. Das gebackene Gemüse anschließend etwas abkühlen lassen und zum Servieren mit Mozzarella und Salat anrichten, mit den gerösteten Kernen bestreuen und mit der Vinaigrette beträufeln.

**Komm, wir geh'n zusammen**
*Nur positive Gedanken bei diesem Salat und Lied!*

# KÜRBIS-KOKOS-SÜPPCHEN

**PORTIONEN:** 4 | **ZUBEREITUNGSZEIT:** 1 Std.

**UTENSILIEN:** Pürierstab

## Zutaten

* 1 Kürbis (ca. 1 kg)
* 1 Zwiebel
* 1 Knoblauchzehe
* 4 EL Öl
* 1 TL frischer Ingwer, gerieben
* 1 TL Currypaste, gelb
* 1 TL brauner Zucker
* 250 ml Gemüsebrühe
* 200 ml Kokosmilch + zum Garnieren
* 100 ml Orangensaft
* Salz & Pfeffer, nach Belieben
* 1 Msp. geriebene Muskatnuss

1. Den Kürbis schälen, entkernen und in grobe Würfel schneiden. Die Zwiebel und den Knoblauch schälen und fein hacken. Die drei Zutaten in einem Topf mit 4 EL Öl anschwitzen, den Ingwer, die Currypaste und den Zucker hinzugeben und leicht karamellisieren lassen.

2. Die Zutaten mit der Brühe ablöschen und zugedeckt ca. 35 Minuten köcheln lassen. Anschließend die Suppe pürieren, die Kokosmilch und den Orangensaft unterrühren und nochmal aufkochen.

3. Die Suppe mit Salz, Pfeffer und Muskatnuss abschmecken und mit einem Schuss Kokosmilch garniert servieren.

Mele Kalikimaka
*Auch auf Hawaii schmeckt die Weihnacht!*

# CHILI CON KÜRBIS

**PORTIONEN:** 4 | **ZUBEREITUNGSZEIT:** 45 Min.

**UTENSILIEN:** feine Reibe

## Zutaten

- ★ 2 rote Zwiebeln
- ★ ½ Bund frischer Oregano, Blättchen abgezupft
- ★ 2 rote Chilischoten
- ★ 1 Hokkaido (ca. 800 g)
- ★ 1 Dose Kidneybohnen (255 g)
- ★ 1 Dose Mais (285 g)
- ★ 4 EL Öl
- ★ 2 TL brauner Zucker
- ★ 1 EL gemahlener Kreuzkümmel
- ★ 2 EL Tomatenmark
- ★ 400 g stückige Tomaten, aus der Dose
- ★ Salz & Pfeffer, nach Belieben
- ★ 1 Bund frischer Koriander
- ★ 1 Bio-Zitrone
- ★ 200 g Schmand

1. Die Zwiebeln schälen und mit dem Oregano fein hacken. Die Chilis längs halbieren, entkernen und fein hacken. Den Kürbis waschen, halbieren, mit einem Löffel entkernen und das Fruchtfleisch würfeln. Die Bohnen und den Mais abtropfen lassen.

2. In einem Topf das Öl erhitzen und darin die Kürbiswürfel 5 Minuten anschwitzen. Die Zwiebeln, die Chilis, den Zucker, den Kreuzkümmel, den Oregano und das Tomatenmark hinzugeben und die Zutaten 2 Minuten mit braten.

3. Die Zutaten mit dem stückigen Tomaten ablöschen und mit geschlossenem Deckel ca. 30 Minuten auf niedriger Stufe köcheln lassen. 10 Minuten vor Ende der Kochzeit den Mais und die Kidneybohnen dazugeben und mit Salz und Pfeffer abschmecken.

4. Den Koriander fein hacken und die Zitronenschale fein abreiben. Beide Zutaten in einer Schüssel mit dem Schmand vermischen und zum Servieren einen großzügigen Klecks auf das Chili geben.

Santa Claus Is Coming To Town
*Chili fürs Tanzbein!*

# WINTER-BOWL MIT KÜRBIS UND GRÜNKOHL

**PORTIONEN:** 4 | **ZUBEREITUNGSZEIT:** 60 Min.

## Zutaten

- **1 kg Hokkaidokürbis**
- **4 EL Öl (Rapsöl)**
- **1 EL Chilipulver**
- **Salz & Pfeffer, nach Belieben**
- **4 Zwiebeln**
- **1 EL brauner Zucker**
- **125 g Bulgur**
- **1 EL vegane Margarine**
- **4 Handvoll gehackter Grünkohl**
- **½ TL Cayennepfeffer**
- **4 EL Erdnüsse**
- **Feldsalat**
- **4 EL Erdnüsse**
- **4 EL Granatapfelkerne**

Winter Wonderland

*Mit dieser Bowl im Magen spaziert es sich leichtfüßig durch jeden Winterwald …*

1. Den Backofen bei 200 °C Ober-/Unterhitze vorheizen und ein Backblech mit Backpapier auslegen.

2. Kürbis entkernen, würfeln und mit 2 EL Öl, Chili, Salz und Pfeffer würzen und auf das Backblech verteilen. Die Würfel im Backofen 30 Minuten backen.

3. Die Zwiebeln halbieren, in Scheiben schneiden und mit 1 EL Öl in einer heißen Pfanne goldbraun braten. Mit Zucker bestreuen, karamellisieren lassen und herausnehmen.

4. 250 ml Salzwasser in einem Topf aufkochen, den Bulgur darin bei schwacher Hitze zugedeckt 10 Minuten garen. Margarine unterrühren und den Bulgur beiseitestellen.

5. 1 EL Öl in einer Pfanne erhitzen und darin den Grünkohl mit 1 Prise Salz bei mittlerer Hitze garen, bis der Kohl zusammenfällt, aber noch bissfest ist. Mit Pfeffer würzen, beiseitestellen.

6. Erdnüsse in einer Pfanne ohne Fett anrösten. Bulgur, Kürbis, Grünkohl, Feldsalat und Zwiebeln auf vier Schalen verteilen und mit den Erdnüssen und Granatapfelkernen bestreuen.

# FÜR FREUNDE

Als wir vier Brüder noch Kinder waren, haben wir uns zuhause immer gegenseitig jeden Happen streitig gemacht - man konnte nicht mal für 10 Sekunden den Tisch verlassen, ohne dass einem ein paar Pommes geklaut wurden.

Mittlerweile sind wir da alle entspannt – es ist eh immer von allem viel zu viel da!

Und grundsätzlich gilt ja auch: Wenn man mit lieben Leuten zusammensitzt, dann macht es richtig Spaß, das Essen in die Länge zu ziehen und zu teilen.

Die folgenden Rezepte fühlen sich an nach Lagerfeuerromantik mit Schrammelgitarre - nur halt ohne Gitarre, dafür mit Glöckchen. Und statt Holz brennen die Kerzen.

# KÄSEFONDUE

**PORTIONEN: 4 | ZUBEREITUNGSZEIT: 15 Min.**

**UTENSILIEN: feine Reibe ⋆ Fonduetopf ⋆ Rechaud**

## Zutaten

- **300 g Bergkäse**
- **300 g Emmentaler**
- **300 g Gruyère**
- **1 Knoblauchzehe**
- **1 EL Butter**
- **2 EL Mehl**
- **350 ml Riesling**
- **150 ml weißer Traubensaft**
- **Salz & Pfeffer, nach Belieben**
- **1 Prise gemahlene Muskatnuss**
- **1 Prise gemahlener Kreuzkümmel**

1. Die drei Käsesorten fein reiben. Den Knoblauch schälen und pressen. 200 ml Wein in einem Topf erwärmen.

2. Die Butter in einem Topf schmelzen, darin den Knoblauch kurz anrösten und das Mehl anschwitzen. Die Zutaten unter ständigem Rühren mit dem warmen Wein ablöschen und nach und nach auch den Traubensaft und den restlichen Wein hinzugeben. Den geriebenen Käse auf mittlerer Hitze untermischen und die Mischung mit Salz, Pfeffer, Muskatnuss und Kümmel würzen.

3. Das Käsefondue in einen Fonduetopf füllen und zum Servieren auf einen Rechaud stellen.

**TIPP** Dazu Brotwürfel zum Tunken und einen frischen Salat servieren.

Silver Bells

*Käse dippen und gemeinsam wippen!*

# FONDUE CHINOISE

**PORTIONEN: 4 | ZUBEREITUNGSZEIT: 2 Std.**

**UTENSILIEN: Sieb ⋆ Stabmixer**

## Zutaten

**Für die Brühe:**

- **1 kg Hühnerklein**
- **1 Bund Suppengemüse**
- **1 Zwiebel**
- **2 Lorbeerblätter**
- **3 Gewürznelken**
- **2 EL Öl**
- **2 L Wasser**
- **1 TL Salz + nach Belieben**

**Für die Pflaumensauce:**

- **100 g Pflaumen, aus dem Glas**
- **100 g Aprikosen, aus der Dose**
- **2 Knoblauchzehen**
- **1 Stück (20 g) frischer Ingwer**
- **1 Chilischote**
- **125 g Zucker**
- **100 ml Weißweinessig**
- **2 EL Fischsauce**

1. Für die Brühe das Suppengemüse putzen und grob zerkleinern. Die Zwiebel schälen und mit den Lorbeerblättern und den Nelken spicken. In einem heißen Topf mit Öl zuerst das Hühnerklein anbraten und dann das Suppengemüse mit andünsten. Die gespickte Zwiebel und Salz hinzugeben und die Zutaten mit das Wasser ablöschen. Die Brühe bei schwacher Hitze 1 Stunde kochen lassen. Anschließend die Brühe durch ein Sieb in einen Fonduetopf gießen und warm halten.

2. Für die Pflaumensauce die Pflaumen und die Aprikosen würfeln und in einen Topf füllen. Den Knoblauch und den Ingwer schälen, fein hacken und ebenfalls in den Topf hineingeben. Die Chilischote längs aufschneiden, entkernen, in feine Ringe schneiden, zusammen mit Zucker, Essig und Fischsauce ebenfalls in den Topf geben und 6 Minuten kochen lassen. Die Zutaten mit einem Stabmixer pürieren.

**Für die Beilagen:**

- **300 g Basmatireis**
- **1 Blumenkohl**
- **500 g Brokkoli**
- **2 Möhren**
- **1 Bund Lauchzwiebeln**
- **100 g Champignons**
- **300 g Rinderfilet**
- **300 g Hähnchenfilet**
- **300 g Schweineschnitzel**

3. Den Reis nach Packungsanweisung kochen und warm halten.

4. Den Blumenkohl und den Brokkoli putzen und in kleine Röschen schneiden. Die Möhren schälen und in dicke Scheiben schneiden. Die Lauchzwiebeln putzen und schräg in Ringe schneiden. Die Champignons putzen und nach Belieben halbieren oder vierteln. Die drei Fleischsorten in dünne Scheiben schneiden.

5. Das Fleisch mit dem Gemüse auf einer Platte servieren und bei Tisch in der Brühe garen.

The Christmas Song
*Feierlichkeiten unter Freunden!*

# RACLETTE MIT SÜSSKARTOFFELN, BERGKÄSE UND GETROCKNETEN APRIKOSEN

**PORTIONEN:** 4 | **ZUBEREITUNGSZEIT:** 5 Min. | **GRILLZEIT:** 30 Min.

**UTENSILIEN:** Grill

## Zutaten

- **4 große, 1 cm dicke Süßkartoffelscheiben, längs geschnitten**
- **4 getrocknete Aprikosen, in kleinen Würfeln**
- **4 Scheiben würziger Bergkäse, jeweils ½ cm dick**
- **Salz & Pfeffer, nach Belieben**

1. Die Süßkartoffelscheiben auf einem heißen Grill bei indirekter Hitze (180 °C) und geschlossenem Deckel 20 Minuten garen.

2. Nun die gegrillten Kartoffelscheiben mit den Aprikosenwürfeln und dem Käse belegen, mit Salz und Pfeffer würzen und weitere 12 Minuten grillen.

# RACLETTE MIT LIMBURGER KÄSE UND KRÄUTERSEITLINGEN

**PORTIONEN:** 4 | **ZUBEREITUNGSZEIT:** 5 Min. | **GRILLZEIT:** 30 Min.

**UTENSILIEN:** Grill

## Zutaten

- **4 Scheiben Landbrot**
- **4 Scheiben Limburger, jeweils ½ cm dick**
- **4 Scheiben Kräuterseitlinge, 4 cm dick**
- **Salz & Pfeffer, nach Belieben**

1. Die Kräuterseitlings-Scheiben auf einem heißen Grill (180 °C) von beiden Seiten goldbraun grillen.
2. Nun die Brotscheiben mit den Kräuterseitlings-Scheiben und dem Käse belegen, mit Salz und Pfeffer würzen und bei indirekter Hitze auf dem Grill 12 Minuten grillen.

**TIPP** Passt perfekt als Apero mit Oliven dazu.

Let It Snow

*Wenns draussen schneit, haben wir's erst so richtig gemütlich!*

Siehe Rezept S. 57

# GLÜHWEIN VOM GRILL

**PORTIONEN: 4 | ZUBEREITUNGSZEIT: 40 Min.**

**UTENSILIEN: Grill**

## Zutaten

- **3 Bio-Orangen**
- **1 Bio-Zitrone**
- **50 g brauner Rohrzucker**
- **3 Beutel Bio-Chai**
- **50 ml brauner Rum**
- **1 l Rotwein**

1. Den Saft von 2 Orangen auspressen. 1 Orange und die Zitrone waschen und in Scheiben schneiden.
2. Den Orangensaft mit dem Zucker, den Teebeuteln und dem Rum in einem Topf zugedeckt auf niedriger Stufe 15 Minuten ziehen lassen. Anschließend die Teebeutel ausdrücken und entfernen.
3. Den Grill vorheizen und darauf den Wein mit den Orangen- und den Zitronenscheiben zugedeckt auf dem Grill erhitzen, die Orangensaft-Tee-Mischung untermischen und bei milder Hitze warm halten. Nach Bedarf servieren.

Happy Weihnacht
*Glühwein, Grill und gute Laune!*

# DESSERTS

Früher konnte ich sehr gut auf den Nachtisch verzichten – mittlerweile brauche ich immer meinen „süßen Abschluss".

Und zur Weihnachtszeit umso mehr, wenn es draußen dunkel ist und kalt und das Herz sich nach Wärme sehnt. Ich muss den Bratapfel nur riechen und schon kommen die Erinnerungen an einen Nachmittag mit Schlittenfahren und Eislaufen, einfach wunderbar …

# WEISSE SCHOKOCREME MIT ZIMT

**PORTIONEN:** 4 | **ZUBEREITUNGSZEIT:** 15 Min. | **KÜHLZEIT:** 3 Std.

**UTENSILIEN:** Handrührgerät

## Zutaten

* 150 ml Sahne, kalt
* 1 Päckchen Sahnesteif
* ½ TL gemahlener Zimt
* 4 Eier, Größe M
* 50 g Zucker
* 250 g weiße Schokolade
* 50 ml Milch
* 1 EL Baileys
* 40 g gebrannte Mandeln

1. Zuerst die Sahne mit dem Sahnesteif und dem Zimt steif schlagen und kalt stellen.

2. Die Eier trennen und das Eiweiß mit dem Zucker ebenfalls steif schlagen und kalt stellen.

3. Die Schokolade grob hacken und mit der Milch im Wasserbad schmelzen. Die geschmolzene Schokolade vom Herd nehmen, etwas abkühlen lassen und mit einem Handrührgerät die Eigelbe und den Baileys unterrühren.

4. Den Eischnee und die Sahne gleichmäßig unterheben und die Schokocreme 3 Stunden im Kühlschrank kalt stellen.

5. Die gebrannten Mandeln grob hacken und damit die Schokocreme vor dem Servieren garnieren.

# SPEKULATIUS-TIRAMISÙ

**PORTIONEN:** 8 | **ZUBEREITUNGSZEIT:** 45 Min. | **KÜHLZEIT:** 2 Std.

**UTENSILIEN:** Gefriertüte ⋆ Nudelholz ⋆ 8 Dessertgläser

## Zutaten

- 2 Eier, Größe M
- 2 EL Rum, alternativ Apfelsaft
- 1 EL Spekulatiusgewürz
- 170 g Zucker
- 250 g Mascarpone
- 100 g Quark
- 100 g Spekulatiuskekse
- 150 g TK-Sauerkirschen, angetaut
- 200 ml Rotwein, alternativ Kirschsaft
- 1 Zimtstange
- 1 Stück Bio-Orangenschale
- 1 TL Speisestärke

Twinkle Twinkle Little Me
*Ein Tiramisu mit Weihnachtsstern!*

1. Die Eier trennen und die Eiweiße steif schlagen. Dabei 50 g Zucker nach und nach einrieseln lassen und anschließend beiseitestellen.

2. Eigelbe mit Rum, Spekulatiusgewürz und 50 g Zucker über einem heißen Wasserbad cremig aufschlagen. Die Konsistenz sollte dicklich sein. Vom Wasserbad nehmen und auf Raumtemperatur schlagen.

3. Mascarpone und Quark untermischen und den Eischnee unter die Creme heben.

4. Kekse in eine Tüte füllen, diese verschließen und die Kekse mit einem Nudelholz fein bröseln. Abwechselnd die Keksbrösel und die Creme gleichmäßig in die Gläser schichten und für 2 Stunden im Kühlschrank kalt stellen.

5. Speisestärke mit 2 EL Wein auflösen und die Mischung zusammen dem restlichen Wein, restlichem Zucker, Zimt und Orangenschale aufkochen. Die Mischung 2 Minuten kochen lassen und die Kirschen untermischen. Das Kompott abkühlen lassen und die Zimtstange und die Orangenschale entfernen. Vor dem Servieren die Dessertgläser mit etwas Kompott garnieren.

# TOMS BRATÄPFEL

**PORTIONEN:** 4 | **ZUBEREITUNGSZEIT:** 50–60 Min.

**UTENSILIEN:** große Auflaufform

## Zutaten

- 4 große Äpfel, z. B. Boskop oder Elstar
- 40 g Marzipanrohmasse
- 1 TL Vanillinzucker
- 2 Msp. gemahlener Zimt
- 2 EL gemahlene Walnüsse
- 20 g kalte Butter

1. Den Backofen auf 180 °C Umluft vorheizen.
2. Die Äpfel waschen und das Kerngehäuse entfernen, am besten mit einem Apfelausstecher, kleinen Messer oder Teelöffel. Dabei die Unterseite des Apfels nicht komplett durchstechen.
3. Das Marzipan mit dem Vanillinzucker, dem Zimt und den gemahlenen Walnüssen vermischen und damit die Äpfel befüllen. Die gefüllten Äpfel in die Auflaufform setzen und jeweils mit einem Stück Butter belegen. Äpfel im Backofen je nach Größe ca. 35–40 Min. backen, bis sie in sich zusammensacken.

**TIPP** Die Bratäpfel noch heiß mit angerösteten Mandeln bestreut servieren.

Love On A Winter's Day
*Bratäpfel sind Liebe ...*

# INGWER-HONIG-EIS

**PORTIONEN:** 4 | **ZUBEREITUNGSZEIT:** 15 Min. | **KÜHLZEIT:** 10 Std.

**UTENSILIEN:** Handrührgerät ⋆ feine Reibe ⋆ Kastenbackform ⋆ Eismaschine

## Zutaten

- ⋆ 3 Eigelb, Größe M
- ⋆ 1 TL Speisestärke
- ⋆ 70 g Zucker
- ⋆ 300 ml Milch
- ⋆ 35 g Ingwer
- ⋆ 2 EL Honig
- ⋆ 200 ml Sahne, kalt
- ⋆ Schokosauce, nach Belieben

1. Mit einem Handrührgerät die Eigelbe mit der Speisestärke und dem Zucker cremig schlagen, bis die Creme eine helle Farbe annimmt.

2. In einem Topf die Milch erwärmen, die Ei-Zucker-Mischung untermischen und bei schwacher Hitze heiß werden lassen. Die Mischung soll nicht kochen!

3. Den Ingwer schälen, fein reiben und mit dem Honig in die Ei-Zucker-Mischung rühren. Die Mischung abkühlen lassen und die Sahne unterrühren. Die Mischung in eine Eismaschine füllen und darin 40 Minuten gefrieren lassen.

4. Das Eis in Schälchen füllen, nach Belieben mit Schokosauce anrichten und servieren.

Jingle Bells
*Auf diesem Eis würde ich gern Schlitten fahren!*

# Eierlikörparfait

**PORTIONEN:** 4 | **ZUBEREITUNGSZEIT:** 15 Min. | **KÜHLZEIT:** 10 Std.

**UTENSILIEN:** Handrührgerät ⋆ Kastenbackform

## Zutaten

- 5 Eier, Größe M
- 80 g Zucker
- 2 Päckchen Vanillezucker
- 200 ml Eierlikör + zum Garnieren
- 400 ml Sahne, kalt

1. Für das Parfait die Eier mit dem Zucker und dem Vanillezucker mit Hilfe eines Handrührgerätes schaumig schlagen. Dabei den Eierlikör nach und nach einlaufen lassen.

2. Die Sahne steif schlagen und portionsweise vorsichtig unter die Eierlikörcreme heben.

3. Eine Kastenform mit Frischhaltefolie auskleiden und die Eierlikörcreme darin verteilen. Die Creme abdecken und für mindestens 10 Stunden oder am besten über Nacht ins Gefrierfach stellen.

4. Zum Servieren das Parfait in Scheiben schneiden.

**TIPP** Das Parfait mit frischen Beeren oder mit Eierlikör garniert servieren.

Auf die Eleganz
*Heute fühlen wir uns ganz fein!*

# LEBKUCHEN-MOUSSE MIT RUMÄPFELN

**PORTIONEN:** 4 | **ZUBEREITUNGSZEIT:** 20 Min. | **KÜHLZEIT:** 3 Std.

**UTENSILIEN:** Handrührgerät

## Zutaten

**Für die Mousse:**

- ⋆ 2 Blatt Gelatine
- ⋆ 100 g gemahlene Mandeln
- ⋆ 1 Ei, Größe M
- ⋆ 1 Eigelb, Größe M
- ⋆ 1 TL Lebkuchengewürz
- ⋆ 2 cl Mandellikör
- ⋆ 170 g weiße Schokolade, in Stücken
- ⋆ 350 g Sahne, kalt

**Für die Rumäpfel:**

- ⋆ 2 Äpfel
- ⋆ 1 EL Butter
- ⋆ 2 EL Honig
- ⋆ 2 cl Rum

After The Year Is Done
*Wir schauen auf das alte Jahr zurück und freuen uns aufs neue!*

1. Für die Mousse die Gelatine nach Packungsanweisung in Wasser einweichen und die Mandeln in einer Pfanne auf mittlerer Stufe goldbraun rösten.

2. Mit einem Handrührgerät das Ei und das Eigelb auf einem warmen Wasserbad mit dem Lebkuchengewürz schaumig schlagen, aber nicht aufkochen.

3. Die Gelatineblätter gut ausdrücken und zusammen mit dem Mandellikör unter die Eimischung rühren und auflösen.

4. Die Schokolade ebenfalls auf dem Wasserbad schmelzen, mit den Mandeln unter die Eimischung rühren und auf einem Eiswasserbad kalt rühren.

5. Die Sahne steif schlagen und unter die Mousse-Masse heben, dann 3 Stunden im Kühlschrank abkühlen.

6. Für die Rumäpfel die Äpfel schälen, vierteln, entkernen und in Würfel schneiden. Die Butter in einem Topf schmelzen und darin die Apfelwürfel anschwitzen. Den Honig und den Rum untermischen und die Apfelstücke abkühlen lassen. Zum Servieren die Mousse in Nocken ausstechen und mit den Rumäpfeln servieren.

PERFECT
DAY

# EASY CHRISTMAS COCKTAILS & SNACKS

Der Smoking ist für meine Band und mich ja mit den Jahren eine Art Berufskleidung geworden.

Und ich muss auch sagen, wenn wir auf der Bühne an unserer Weihnachtsbar stehen und mit ein paar Gästen einen kleinen Drink nehmen, dann sieht das immer mächtig elegant aus!

Irgendwann gebe ich mal diese Weihnachtsparty nach Rat-Pack-Art mit lockeren Getränken und leichten Speisen, so als ob wir uns Mitte der 60er Jahre mitten in New York befinden.

# CHRISTMAS MARGARITA

**PORTIONEN: 2 | ZUBEREITUNGSZEIT: 5 Min.**

**UTENSILIEN: 2 Margarita-Cocktailgläser**

## Zutaten

- **240 ml Cranberrysaft**
- **60 ml Granatapfelsaft**
- **30 ml Zitronensaft**
- **30 ml Orangenlikör**
- **100 ml Tequila**
- **gefrorene Cranberrys, zum Garnieren**
- **Eiswürfel, zum Servieren**

1. Cranberrysaft, Granatapfelsaft, Zitronensaft, Orangenlikör und Tequila mit einer Küchenmaschine verrühren und in die Gläser mit Eiswürfeln verteilen. Mit Cranberrys garniert servieren.

**TIPP** Gläser mit frischen Rosmarinzweigen oder Minzblättern garnieren.

All I Want For Christmas Is You
*Wie wild wird Weihnachten?*

# GLÜHWEIN-TONIC

**PORTIONEN: 6 | ZUBEREITUNGSZEIT: 10 Min.**

## Zutaten

* **½ Bio-Orange**
* **1 Bio-Zitrone**
* **400 ml Glühwein**
* **400 ml Orangensaft**
* **Crushed Ice**
* **800 ml Dry Tonic Water**

1. Die Orange halbieren und in Scheiben schneiden. Die Zitrone auspressen und den Saft mit Glühwein und Orangensaft mischen.

2. Das Crushed Ice in 6 Gläser verteilen. Zitronen-Glühwein-Orangen-Mischung in die Gläser verteilen und jeweils mit Tonic Water aufgießen. Mit Orangenscheiben garniert servieren.

Have Yourself A Merry Little Christmas
*Zeit für einen ruhigen Moment …*

# DIRTY MARTINI

**PORTIONEN: 2 | ZUBEREITUNGSZEIT: 5 Min.**

**UTENSILIEN: Cocktailshaker ⋆ Cocktailsieb ⋆ 2 Martini-Gläser**

## Zutaten

- **150 ml Dry Gin**
- **30 ml Dry Vermouth**
- **30 ml Olivenlake**
- **Eiswürfel, nach Belieben**
- **6 Oliven, zum Garnieren**

1. Den Gin mit dem Vermouth und der Olivenlake vermischen und in mit Eiswürfeln gefüllten Cocktailshaker füllen.

2. Die Zutaten 20 Sekunden im Cocktailshaker gründlich schütteln und den eiskalten Martini durch das Cocktailsieb in die Martinigläser füllen. Die Gläser mit grünen Oliven garnieren und servieren.

The Cat
*Auch James Bond feiert Weihnachten!*

# HOT TODDY

**PORTIONEN:** 4 | **ZUBEREITUNGSZEIT:** 5 Min.

**UTENSILIEN:** Zestenreißer ⋆ 4 Tassen

## Zutaten

- ⋆ 2 Bio-Zitronen
- ⋆ 2 Zimtstangen
- ⋆ 4 Gewürznelken
- ⋆ 4 EL Honig
- ⋆ 600 ml Wasser, heiß
- ⋆ 200 ml Bourbon Whiskey

1. 1 Zitrone heiß abwaschen und 8 Streifen Schale dünn abschälen. Beide Zitronen auspressen und den Saft und die Schalenstreifen auf die vier Tassen verteilen.

2. Die Zimtstangen halbieren und je ½ Stange, 1 Gewürznelke und 1 TL Honig in jede Tasse dazugeben. Die Tassen jeweils mit 150 ml heißem Wasser sowie 50 ml Whiskey aufgießen, umrühren und 1–2 Minuten ziehen lassen, dann servieren.

Weihnachten mit Dir
*Da sitzt doch jeder gedanklich am Nostalgie-Kamin …*

# HONOLULU BREAKDOWN

**PORTIONEN:** 2 | **ZUBEREITUNGSZEIT:** 5 Min.

**UTENSILIEN:** Cocktail-Shaker ⋆ Cocktailsieb ⋆ 2 große Gläser

## Zutaten

* 90 ml weißer Rum
* 40 ml Kokoslikör
* 60 ml Ananassaft
* 60 ml Guavensaft
* 30 ml frischer Limettensaft
* 20 ml Grenadine
* 2 Scheiben frische Ananas, für die Garnierung
* 2 Maraschino-Kirschen, für die Garnierung

1. Den Cocktail-Shaker zur Hälfte mit Eiswürfeln befüllen.
2. Den weißen Rum, den Kokoslikör, den Ananassaft, den Guavensaft, den frischen Limettensaft und die Grenadine in den Shaker hinzufügen.
3. Die Zutaten etwa 20 Sekunden kräftig schütteln, bis der Shaker von außen beschlägt.
4. Den Cocktail in die Gläser über frische Eiswürfel sieben und mit einer Ananasscheibe und einer Maraschino-Kirsche am Rand der Gläser garnieren.

**TIPP** Eine Prise gemahlene Muskatnuss für eine leicht würzige Note in jedes Glas streuen.

Honolulu Breakdown
*Dieser Cocktail hat seinen eigenen Song!*

# TOMS SPEZIALDATTELN MIT PARMESAN

**PORTIONEN:** 4 | **ZUBEREITUNGSZEIT:** 15 Min.

## Zutaten

* **16 Datteln, entkernt**
* **100 g Parmesan**
* **8 Scheiben Speck**

1. Den Parmesan in dünne Streifen schneiden und damit die Datteln befüllen.
2. Die Speckscheiben halbieren und damit die gefüllten Datteln umwickeln. Die Häppchen in einer heißen Pfanne rundherum knusprig anbraten.

Sleigh Ride

*Jetzt aber schnell, die Gäste kommen gleich!*

Siehe Rezept
S. 92

Siehe Rezept
S. 90

# PARMESAN-CRACKER

**PORTIONEN:** 4 | **ZUBEREITUNGSZEIT:** 15 Min. | **BACKZEIT:** 6–8 Min.

**UTENSILIEN:** feine Reibe

## Zutaten

- **200 g Parmesan**
- **Cayennepfeffer, nach Belieben**

1. Den Backofen auf 180 °C Umluft vorheizen und ein Backblech mit Backpapier auslegen.
2. Den Parmesan fein reiben und nach Belieben mit Cayennepfeffer würzen.
3. Jeweils 1 EL Parmesan im Abstand von 5 cm auf das Backblech verteilen, etwas flach drücken und im unteren Drittel des Backofens 6–8 Minuten goldbraun backen. Anschließend die Parmesan-Cracker vollständig auf dem Blech abkühlen lassen.

Christmas Twist Medley

*Mit dem Cracker in der Hand tanzt es sich nochmal so gut!*

# MINI-FRIKANDELN

**PORTIONEN:** 4 | **ZUBEREITUNGSZEIT:** 30 Min.

**UTENSILIEN:** Stabmixer

## Zutaten

**Für die Frikandeln:**

* 200 g Schweinehackfleisch
* 100 g Rinderhackfleisch
* 100 g Hähnchenhackfleisch
* 2 Toastbrotscheiben
* Milch, zum Einweichen
* 3 Eier, Größe M
* 100 ml Wasser
* 1 Brühwürfel
* gemahlene Muskatnuss, nach Belieben
* Salz & Pfeffer, nach Belieben
* etwas Öl, zum Frittieren

**Für die Sauce:**

* 1 Zwiebel
* 4 EL Gewürzketchup
* 4 EL Mayonnaise

1. Für die Frikandeln in einer Schüssel das Schweinehackfleisch mit dem Rinder- und dem Hähnchenhackfleisch vermischen.

2. Die Krusten von den Toastscheiben abschneiden und die Scheiben in etwas Milch einweichen. Das Brot ausdrücken und zusammen mit den Eiern zum Hackfleisch dazugeben.

3. Das Wasser mit dem Brühwürfel verrühren und ebenfalls in die Schüssel füllen. Die Mischung nach Geschmack mit Muskatnuss, Salz, Pfeffer würzen und gut miteinander vermengen. Die Masse mit einem Stabmixer pürieren, damit die Frikandeln eine feine Konsistenz bekommen und anschließend daraus kleine, gleich große Frikandeln formen.

4. Die Frikandeln in reichlich Öl ca. 8 Minuten bei 180 °C frittieren.

5. Währenddessen für die Sauce die Zwiebeln schälen und fein würfeln, mit dem Ketchup und der Mayonnaise vermischen und nach dem Frittieren zu den Frikandeln servieren.

**TIPP** Die geformten Frikandeln einfrieren und bei Bedarf herausholen und frittieren.

Siehe Rezept
S. 90
Siehe Rezept
S. 88
I've Got My Love To Keep Me Warm
*Meine Zeit in Amsterdam vergesse ich auch an Weihnachten nicht!*

# PLÄTZCHEN & GEBÄCK

Seit ich bei uns das Spritzgebäck nach Oma-Gaebel-Art backe, herrscht bei meiner Mutter zuhause am 24. Dezember immer ein wenig mehr Trubel als ihr lieb ist.

Schließlich spielen wir jedes Jahr auch am Tag zuvor noch ein Konzert und danach heißt es dann „schnell ab nach Hause und rein in den Teig!"

Und den finde ich so lecker, dass ein nicht unerheblicher Teil es gar nicht erst in den Backofen schafft …

# SPRITZGEBÄCK NACH GAEBEL-ART

**PORTIONEN: 10 | ZUBEREITUNGSZEIT: 30 Min. | KÜHLZEIT: 1 Std.**

**UTENSILIEN: Fleischwolf ⋆ Aufsatz für Spritzgebäck**

## Zutaten

- **500 g Butter**
- **500 g Sanella**
- **1 kg Zucker**
- **6 Eier, Größe M**
- **2 kg Mehl**
- **1 Päckchen Backpulver**
- **4 Päckchen Vanillezucker**

1. Für den Teig die Butter mit Sanella und Zucker schaumig schlagen und nach und nach die Eier, das Mehl, das Backpulver und den Vanillezucker unterrühren. Den festen Teig zugedeckt 1 Stunde im Kühlschrank ruhen lassen.

2. Den Backofen auf 180 °C Ober-/Unterhitze vorheizen und ein Backblech mit Backpapier auslegen.

3. Den Teig dann durch den Fleischwolf mit einem Aufsatz für Spritzgebäck drehen und beliebige Plätzchen herstellen. Die Plätzchen auf das vorbereitete Backblech legen und im vorgeheizten Backofen auf der zweiten Schiene von unten ca. 10–15 Minuten backen. Den Vorgang mit dem restlichen Teig wiederholen.

Schlittenfahrt zum Weihnachtsmarkt
*Wir knabbern uns durch den Weihnachtsmarkt!*

# SHORTBREA

**PORTIONEN:** 4 | **ZUBEREITUNGSZEIT:** 35–45 Min.

**UTENSILIEN:** Handrührgerät ⋆ Nudelholz

## Zutaten

- 250 g Butter, weich
- 80 g Zucker
- 50 g Puderzucker
- 1 Prise Salz
- 450 g Mehl
- Orangenabrieb, nach Belieben
- 3 Pck. Vanillinzucker

1. Den Backofen auf 160 °C Umluft vorheizen und ein Backblech mit Backpapier auslegen.

2. Die Butter mit dem Zucker, dem Puderzucker, der Prise Salz und dem Orangenabrieb mit dem Handrührgerät cremig rühren.

3. Nach und nach das Mehl dazu geben und mit den Knethaken einarbeiten. Den Teig zu einer Kugel formen und auf ein mit Backpapier ausgelegtes Backblech legen. Eine Lage Backpapier darüber legen und den Teig zwischen den Papierschichten mit einem Nudelholz ca. 1–1,5 cm dick und bis an alle Ränder ausrollen.

4. Den Teig gleichmäßig in kleinen Abständen mit einer Gabel einstechen und im vorgeheizten Backofen ca. 20–30 Minuten unter Beobachtung goldgelb backen. Das Gebäck noch heiß in der Form in 1,5 x 5 cm lange Stücke schneiden und sofort mit dem Vanillezucker bestreuen.

Das Allerbeste
*Die Allerbesten, ich könnte mich reinlegen!*

Siehe Rezept
S. 100
Siehe Rezept
S. 104
Siehe Rezept
S. 102
Siehe Rezept
S. 96

# HEIDESAND

**PORTIONEN:** 8 | **ZUBEREITUNGSZEIT:** 30 Min. | **KÜHLZEIT:** 2 Std.

**UTENSILIEN:** Handrührgerät

## Zutaten

- 1 Vanilleschote
- 250 g Butter
- 250 g Puderzucker
- 1 Prise Salz
- 2 EL Milch
- 350 g Weizenmehl, Type 405

1. Die Butter in einem Topf auf niedriger Stufe schmelzen, braun werden lassen, in eine Schüssel füllen und abkühlen lassen, bis sie fest ist.

2. Die Vanilleschote längs aufschneiden und das Mark herauskratzen. Die fest gewordene Butter auf höchster Stufe mit einem Handrührgerät schaumig schlagen und nach und nach den Puderzucker, das Vanillemark, das Salz, die Milch und 250 g Mehl untermischen, bis ein cremiger Teig entsteht.

3. Auf einer Arbeitsfläche den Teig mit dem restlichen Mehl verkneten, zu einer Kugel formen, diese in Frischhaltefolie wickeln und etwa 2 Stunden in den Kühlschrank stellen.

4. Den Backofen auf 175 °C Ober-/Unterhitze vorheizen und ein Backblech mit Backpapier auslegen.

5. Den Teig portionsweise zu etwa 3 cm dicken Rollen formen und diese in 0,5 cm dicke Scheiben schneiden. Die Scheiben mit etwas Abstand auf dem Backblech verteilen und nacheinander im vorgeheizten Backofen ca. 15 Minuten backen.

Winter Song
*Draußen schneit's und drinnen wird gebacken!*

Siehe Rezept
S. 104

Siehe Rezept
S. 102

Siehe Rezept
S. 98

Siehe Rezept
S. 96

# GRINCH-PLÄTZCHEN

**PORTIONEN: 20 Stück | ZUBEREITUNGSZEIT: 40 Min.**

**UTENSILIEN: feine Reibe ⋆ Handrührgerät**

## Zutaten

- ⋆ 1 Bio-Zitrone
- ⋆ 120 g Butter, weich
- ⋆ 100 g Zucker
- ⋆ 1 Prise Salz
- ⋆ 1 TL Vanilleextrakt
- ⋆ 2 Eier, Größe M
- ⋆ 300 g Weizenmehl
- ⋆ 2 TL Backpulver
- ⋆ 10 Tropfen grüne Lebensmittelfarbpaste
- ⋆ 50 g kleine grüne Zuckerperlen

1. Die Zitronenschale fein abreiben. Saft auspressen. 1 TL Zitronenschale und 1 EL Zitronensaft mit Butter, Zucker, 1 Prise Salz und Vanilleextrakt mit dem Handrührgerät schaumig schlagen. Die Eier nacheinander unterrühren und das Mehl, das Backpulver und die Lebensmittelfarbe je nach gewünschter Farbintensität unterrühren und zu einem glatten Teig verarbeiten.

2. Backofen auf 180 °C Ober-/Unterhitze vorheizen und ein Backblech mit Backpapier auslegen. Zuckerperlen in eine kleine Schale füllen.

3. Mit einem Esslöffel walnussgroße Portionen aus dem Teig stechen und zu Kugeln formen. Die Teigkugeln jeweils in den Zuckerperlen wälzen und mit etwas Abstand zueinander auf dem Blech verteilen. Die Kekse im vorgeheizten Backofen 10–12 Minuten backen und auf dem Blech abkühlen lassen.

A Jolly Winter Walk
*Grünes Gebäck gegen Griesgrämigkeit!*

# RENTIER-KEKSE

**PORTIONEN:** ca. 30 Stück | **ZUBEREITUNGSZEIT:** 55–60 Min. | **KÜHLZEIT:** 30 Min.

**UTENSILIEN:** runde Ausstecher ⋆ Spritzbeutel mit feiner Tülle

## Zutaten

- 150 g Butter, in Stücken
- 100 g Zucker
- 1 Päckchen Vanillezucker
- 1 Ei, Größe M
- 250 g Mehl + für die Arbeitsfläche
- 1 Prise Salz
- 100 g Zartbitterschokolade, in Stücken
- 30 rote Schokolinsen

1. Für den Teig die Butter mit Zucker und Vanillezucker schaumig rühren. Das Ei, das Mehl und das Salz untermischen. Den Teig in Frischhaltefolie gewickelt 30 Minuten im Kühlschrank kalt stellen.

2. Den Backofen auf 180 °C Ober-/Unterhitze vorheizen und zwei Backbleche mit Backpapier auslegen.

3. Den Teig auf einer bemehlten Arbeitsfläche 0,5 cm dick ausrollen und daraus mit dem Ausstecher runde Kekse ausstechen. Die Kekse auf die vorbereiteten Backbleche verteilen und nacheinander 10–12 Minuten backen. Anschließend die Kekse vollständig auskühlen lassen.

4. Für die Garnierung die Schokolade im Wasserbad schmelzen und diese in einen Spritzbeutel füllen. Mit der Schokolade Augen, Geweih, Nase und Mund auf die Kekse zeichnen und jeweils 1 Schokolinse auf die Nase drücken. Die Garnierung fest werden lassen und servieren.

Rudolph The Red Nosed Reindeer
*Rudolphs Lieblings-Keks!*

**TIPP** Schwarze Zuckerschrift anstatt geschmolzener Schokolade zum Garnieren verwenden.

Tom
GAEBEL

TOM GAEBEL

Tom
GAEBEL

# TOMS CHRISTMAS COOKING PLAYLIST

I'll Be Home For Christmas
Thank God It's Christmas
When Your Heart Is Singing
The Bell That Couldn't Jingle
White Christmas
Wintersee
Driving Home For Christmas
Last Christmas
It's The Most Wonderful Time
A Christmas To Remember
Was ich mir am meisten wünsch
Merry Christmas Everyone
It's Beginning To Look A Lot Like Christmas
Komm, wir geh'n zusammen
Mele Kalikimaka
Santa Claus Is Coming To Town
Winter Wonderland
Silver Bells
The Christmas Song
Let It Snow
Happy Weihnacht
Frosty The Snowman
Twinkle Twinkle Little Me

Love On A Winter's Day
Jingle Bells
Auf die Eleganz
After The Year Is Done
All I Want For Christmas Is You
Have Yourself A Merry Little Christmas
The Cat
Weihnachten mit Dir
Honolulu Breakdown
Sleigh Ride
Christmas Twist Medley
I've Got My Love To Keep Me Warm
Schlittenfahrt zum Weihnachtsmarkt
Das Allerbeste
Winter Song
A Jolly Winter Walk
Rudolph The Red Nosed Reindeer

Einfach den QR-Code scannen
und beim Kochen genießen!

IMPRESSUM

Math. Lempertz GmbH

Hauptstr. 354

53639 Königswinter

Tel.: 02223-900036

Fax: 02223-900038

info@edition-lempertz.de

www.edition-lempertz.de



Rezepte: Tom Gaebel

Rezeptfotos: Oliver Brachat

Adobe Stock: Pineapple studio, sorrapongs

Fotos und Titelbild: Nicole Hoppe (S. U1, 6, 8, 10, 24, 38, 50, 62, 110, 111)

Live Fotos: André Frederic Hildebrandt (S. 106, 107)

Bilder aus dem Privatarchiv von Familie Gaebel: (S. 9, 94)

Lektorat: Hendrik Wolff

Covergestaltung und Satz: schere.style.papier, München

Druck und Bindung: Neografia, Slowakei

ISBN: 978-3-96058-500-8